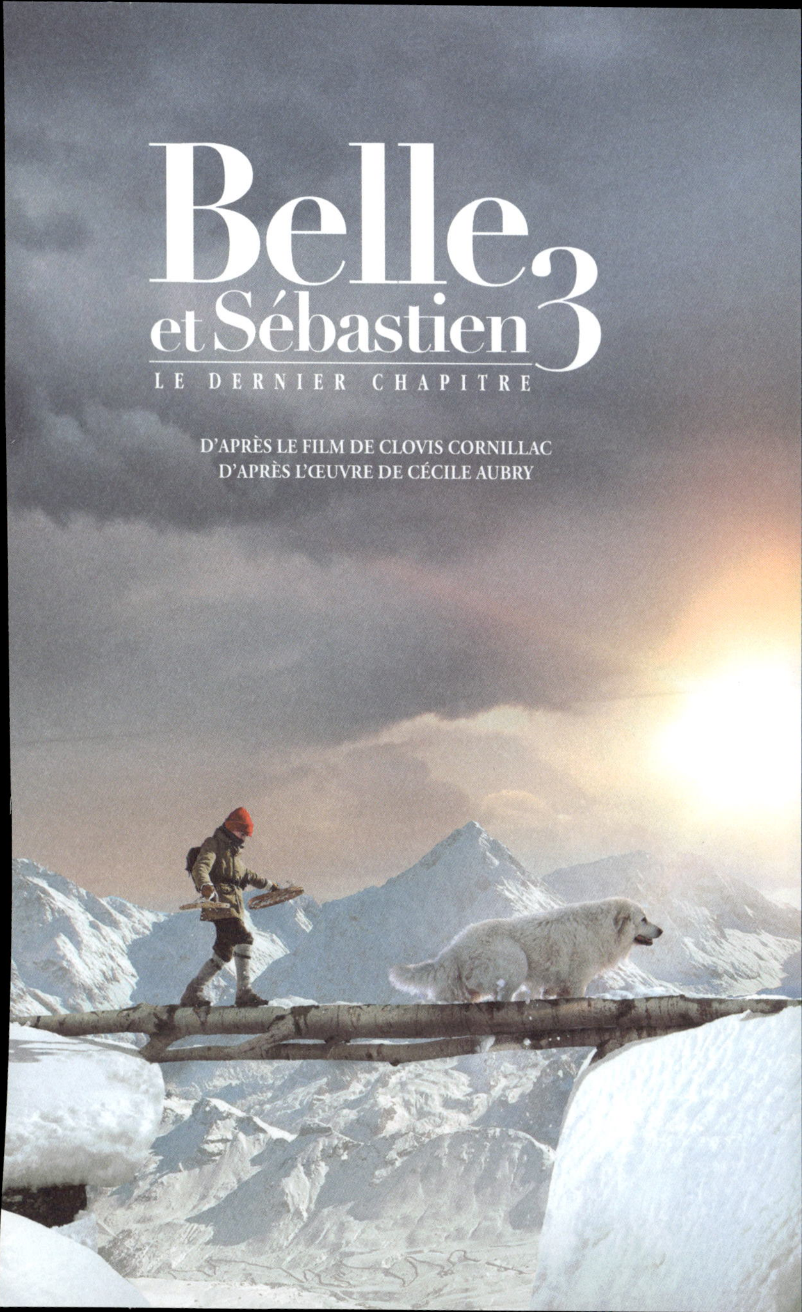
Belle et Sébastien 3
LE DERNIER CHAPITRE
D'APRÈS LE FILM DE CLOVIS CORNILLAC
D'APRÈS L'ŒUVRE DE CÉCILE AUBRY

Gaumont
depuis que le cinéma existe

« Belle et Sébastien 3 – Le dernier chapitre »,
le nouveau film de Clovis Cornillac.
D'après le scénario du film « Belle et Sébastien 3 – Le dernier chapitre ».
Scénario, adaptation et dialogues de Juliette Sales & Fabien Suarez.
Avec Félix Bossuet, Tchéky Karyo, Clovis Cornillac, Thierry Neuvic,
Margaux Chatelier, Anne Benoît et André Penvern.
Produit par Radar Films, Épithète Films, Gaumont, M6 Films,
Auvergne-Rhône-Alpes Cinéma.
D'après la série « Belle et Sébastien » écrite et réalisée par Cécile Aubry.
Photographies couverture et intérieur : © 2017 Christophe Brachet /
Radar Films – Épithète Films – Gaumont – M6 Films –
Auvergne-Rhône-Alpes Cinéma.


Adaptation : Christine Féret-Fleury.
Conception graphique : Claire Besset.

Hachette Livre, 58 rue Jean-Bleuzen, 92178 Vanves Cedex.

# Belle et Sébastien 3

## LE DERNIER CHAPITRE

D'APRÈS LE FILM DE CLOVIS CORNILLAC
D'APRÈS L'ŒUVRE DE CÉCILE AUBRY

hachette
JEUNESSE

# Prologue

Du blizzard émerge une silhouette qui se bat contre les éléments déchaînés. L'homme lève les yeux, cherche à s'orienter. Rien. Rien que les flocons tourbillonnant à perte de vue. S'arrêter maintenant, c'est mourir. Il le sait.

Soudain, à quelques mètres, il discerne une forme. Le berger – César – s'approche prudemment. Ce n'est pas un animal sauvage, mais une femme. César se penche, passe les bras autour du corps inanimé et le hisse sur son dos. Puis il se remet en marche. Chaque mètre est une douleur. Chaque minute qui passe, une éternité. Va-t-il errer dans la tempête jusqu'à s'abattre, lui aussi, sur le sol, entraînant cette inconnue dans sa chute et dans la mort ?

Enfin, les contours d'un bâtiment se dessinent au loin. César souffle, soulagé. Maintenant, il sait où il est.

Il a refermé la porte du refuge sur eux. Il y a là une cheminée, un fagot de brindilles, quelques bûches empilées par une main prévoyante. Bientôt, les flammes crépitent. Avec des gestes doux, César commence à débarrasser la femme de ses vêtements trempés.

– Non, murmure-t-il. Oh, non !

Le ventre de l'inconnue est rond comme une lune. Elle est enceinte, et sur le point d'accoucher. Les douleurs ont commencé.

Peu à peu, elle reprend connaissance. Ses yeux noirs, brillants de fièvre, se posent sur le rude visage de César.

– *Salvare il mio bambino*, le supplie-t-elle dans un souffle.

Après des heures de travail, le bébé est enfin là… L'enfant est si petit dans les grandes mains de César ! Avec un sourire attendri, il le pose sur le ventre de sa mère qui, épuisée, sourit.

– *Grazie*, chuchote-t-elle encore.

Elle regarde son enfant avec amour. Puis sa main retombe. Son cœur ne bat plus. Pour elle, tout est fini.

La tempête s'est calmée. César a fermé les yeux de la jeune femme, puis a entrepris d'emmailloter le nouveau-né dans les châles qui ont séché près du feu. Le bébé et l'homme se regardent.

– Comment on va t'appeler, toi ? marmonne le berger.

Une bulle de salive se forme sur les lèvres du bébé. César sourit.

# 1 L'aveu

La porte de la chambre de Sébastien s'ouvre.

– Sébastien !

Le garçon s'étire et feint un réveil paresseux.

– Sébastien… Ils sont où ? demande César, pas dupe.

– Je ne sais pas, moi…

La tête ébouriffée du gamin émerge de l'édredon. Ses yeux pétillent de malice.

– On avait dit : pas dans la chambre ! s'exclame le berger avec sévérité.

– Ils ne sont pas là, je te dis… proteste mollement Sébastien.

Il n'a pas fini sa phrase que la tête d'un adorable chiot émerge juste à côté de la sienne. Un deuxième apparaît de l'autre côté. Et bientôt, un troisième ! Le gamin fronce les sourcils et s'adresse à Belle, couchée au pied du lit :

– Belle, tes petits, on avait dit pas dans la chambre !

Mais la fausse remontrance se termine dans un éclat de rire : les chiots lui lèchent le visage !

– Bon, allez, tu me les sors de là, grommelle César qui n'a pas le cœur à se fâcher. Et viens, toi aussi. J'ai besoin d'un coup de main.

Un peu plus tard, Sébastien finit de ranger le bois dans la grange. Sa tâche achevée, il se retourne et écarquille les yeux : l'un des chiots de Belle a la tête coincée dans un pot de miel et un autre a déchiré l'oreiller de César, dont les plumes volent partout.

– Si César te voit manger son miel, on est fichus… et toi, lâche ça !

– Sébastien ? Ça va ? Tu es sûr ?

C'est la voix d'Angelina, aussitôt couverte par un grand fracas : le tas de bois vient de s'effondrer. La tête du troisième chiot apparaît entre deux bûches…

Cette fois, c'est Pierre, le père de Sébastien, qui intervient :

– Tu vas être en retard à l'école.

– Oh, non, papa, pas aujourd'hui ! S'il te plaît !

– Si. Aujourd'hui, et demain, et après-demain.

– Ton père a raison, approuve Angelina. Allez, file !

Tous deux regardent le garçon attraper son cartable d'écolier et s'éloigner sur le sentier. César les rejoint.

– Vous lui avez parlé ? demande-t-il.

Pierre détourne le regard.

– Pas encore.

– Faudrait pas qu'il l'apprenne par quelqu'un d'autre…

La pendule de la salle de classe égrène lentement les minutes. Sébastien s'ennuie. Quand la cloche sonnera-t-elle ? Quand pourra-t-il enfin retrouver la montagne et la liberté ? Profitant que le maître tourne le dos à sa classe pour recopier un problème au tableau, Marie, la voisine de pupitre de Sébastien, le bombarde de questions.

– Ils sont déjà grands comme ça ? chuchote-t-elle en écartant ses mains.

Sébastien hoche la tête.

– Et tu ne leur as toujours pas donné de noms ? Si tu veux, j'ai des idées !

Derrière eux, un autre gamin, Hector, se mêle à la discussion.

– Et tu vas les donner à qui ?

– Je ne les donnerai pas ! lance Sébastien.

Il a parlé un peu trop fort ; le maître se retourne.

– Sébastien ! Tu me copieras cent fois : « Je ne dois pas bavarder en classe ».

L'instituteur, ayant fini d'écrire l'énoncé du problème au tableau, passe parmi les rangées et distribue des livres à ses élèves.

– Essayez d'en lire cinq pages tous les jours… N'est-ce pas, Sébastien ?

Hector tourne son livre dans tous les sens.

– Qu'est-ce que c'est ? demande-t-il en déchiffrant le titre. « Les trois moustiquaires » ?

– *Les Trois Mousquetaires*, corrige le maître avec patience.

Tous les enfants rigolent.

À la sortie, Sébastien aperçoit Angelina qui l'attend, Belle à son côté.

– Il y a un problème ? s'inquiète-t-il.

– Non, répond la jeune femme qui paraît gênée. Pourquoi ?

– Écoute, Angelina ! J'ai douze ans, tu sais ? Je n'ai pas besoin que tu viennes me chercher…

– Ce n'est pas ça, bien sûr… Je me disais juste… qu'avec ce soleil, on aurait pu monter jusqu'au Grand Baou…

Elle montre les deux paires de raquettes qui dépassent de son sac à dos.

– Tu n'as pas de devoirs ?

– Non ! s'empresse-t-il d'affirmer, ce qui est un gros mensonge. Premier arrivé ?

– C'est parti !

Quand la jeune femme arrive au refuge, Sébastien est déjà là. Il contemple les cimes lointaines des montagnes. Angelina, essoufflée, se laisse tomber dans la neige, à côté de lui.

– Perdu ! la taquine Sébastien.

– Ne crâne pas… Il n'y a pas si longtemps, c'était moi qui te battais.

Elle toussote.

– Tu sais que Pierre et moi, on est amoureux ?

– Ben oui, quand même !

– Ça fait un an… alors, ce que je voulais te dire, c'était que… on a décidé de se marier. C'est ton père… et je suis ta tante… je sais que c'est compliqué…

– Tu n'es pas vraiment ma tante.

– Oui, mais…

Sébastien sourit.

– Tout va bien. Juste… je ne serai pas obligé de t'appeler maman ?

– Mais non !

– Ce serait bizarre…

– Carrément ! renchérit Angelina, complice et soulagée.

# 2
## Un départ inattendu

Sébastien court à perdre haleine dans les rues désertes de Saint-Martin. Il pousse la porte de l'église, entre et fonce vers l'autel où l'attendent Pierre et Angelina, très belle dans sa robe de mariée. Sébastien glisse quelque chose dans la main de son père et va s'asseoir à côté de César. Pierre ouvre la main : deux alliances toutes neuves étincellent au creux de sa paume. Il adresse un sourire penaud à sa fiancée.

– C'est bon ? On a tout, cette fois ? interroge le curé, narquois. Pierre, tu es parmi nous depuis deux ans déjà et nous sommes tous d'accord pour dire que tu t'es montré digne d'Angelina. Tu as surmonté toutes les épreuves qui menaient à son cœur et tu te dis qu'aujourd'hui, enfin, tu as réussi et que c'est fini. Mais laisse-moi t'apprendre qu'au contraire, ça ne fait que commencer ! Tu as gagné son cœur, il est maintenant de ton devoir de ne pas le perdre. Angelina, acceptes-tu de prendre Pierre Marceau, ici présent, pour légitime époux ?

– Oui, répond Angelina d'une voix ferme.

– Pierre, acceptes-tu de prendre Angelina Volney, ici présente, pour légitime épouse ? continue le curé.

– Oui.

César est ému. Sébastien aussi.

Après la cérémonie, le repas de noces a lieu dans une grange décorée de gui et de houx. Pendant qu'Angelina danse au

son d'une musique entraînante, Pierre attire Sébastien à l'écart et lui tend un petit paquet.

– C'est pour toi. Pour défendre la maison pendant qu'on sera partis en voyage de noces…

Le garçon déballe son cadeau et découvre, ravi, un couteau suisse aux multiples lames.

– Merci, papa !

– Tu sais que ça ne change rien entre nous ?

– Le couteau ?

– Non, pas le couteau… Tu m’as très bien compris.

Et il serre son fils contre lui.

Plus tard dans la soirée, Sébastien se glisse sous la nappe pour rejoindre Marie. Il lui tend un verre dans lequel il a versé plusieurs fonds de vin rouge.

– Tiens ! Essaie !

La fillette goûte, fait la grimace et s’étouffe en toussant.

– Arrête ! souffle Sébastien, mort de rire. Ils vont nous entendre !

Soudain, il redresse la tête : il vient d’entendre son nom. Angelina et Pierre discutent avec Urbain, le maire du village, et César.

– On ne lui a pas encore annoncé, dit Pierre. On part juste quinze jours. Je vais

négocier mon contrat, Angelina va s'inscrire à l'université…

– Et toi, César ? T'es d'accord pour le laisser partir au Canada, ton petit sauvage ?

– Pourquoi je serais pas d'accord ? réplique le berger. Sa place est avec son père. C'est une chance pour lui, il va voir le monde.

Sous la table, Sébastien est devenu tout pâle. Marie n'est pas rassurée : comment va-t-il réagir ?

Plus tard, Sébastien a rejoint César, qui discute avec les derniers invités.

– Et les petits de Belle ? lui demande un riche agriculteur du coin. Tu m'en mettrais un de côté ?

César n'a pas le temps de répondre : Sébastien se dresse entre les deux hommes, agressif.

– Ils ne sont pas à vendre ! Et puis, de toute façon, ils ne sont pas à lui !

– Sébastien, tu veux bien m'écouter ? proteste le berger. Quand ils seront sevrés, ils…

Mais le garçon lui a déjà tourné le dos.

Tout est prêt pour le départ. Pierre, debout sur le sentier, scrute l'horizon. Sébastien n'est pas en vue.

– On lui parlera au retour, quand on sera sûrs, lui dit Angelina. Fais-lui confiance ! Il comprendra. S'il te voit heureux, il le sera aussi… Allez, ne t'en fais pas, César va le chouchouter…

Sébastien s'est caché à la lisière de la forêt qui surplombe la route. Belle, assise à côté de lui, le regarde. Elle sent qu'il se passe quelque chose. Soudain, un bruit de moteur retentit, et Belle dresse les oreilles. La voiture de Pierre démarre dans un nuage de poussière. Sébastien ne lève même pas les yeux. Belle saisit la manche de sa chemise entre ses dents et lui donne une petite secousse.

– Arrête ! s'exclame le garçon. Ils nous mentent… Tu sais ce que ça veut dire ?

Compatissante, Belle pose sa grosse tête contre l'épaule du garçon qui regarde, les larmes aux yeux, la voiture s'éloigner…

Après le départ des jeunes mariés, César s'est dit qu'il devait absolument parler à Sébastien.

Le soir, tard, quand il entre dans la chambre de son petit-fils adoptif, le garçon fait semblant de dormir.

– Je sais que tu ne dors pas, dit César.

Il s'assied au pied du lit.

– Quatre chiens, c'est beaucoup pour garder trente moutons…

Il caresse la tête de Belle avant de poursuivre :

– Ce n'est pas une question d'argent. Mais même Belle, elle le sait que ses petits devront partir. Pas demain. Mais un jour. C'est dans l'ordre des choses… Toi aussi, tu partiras.

Dans un froissement de draps, le garçon, rageur, fait face à César.

– Ça t'arrangerait bien ! Tu serais débarrassé !

– Qu'est-ce que tu racontes, voyons ? Et qu'est-ce que tu ferais ici, toute ta vie ? Tu ne vas pas devenir berger comme moi ?

– Et pourquoi pas ?

César secoue la tête et soupire :

– Tu vaux mieux que ça.

– Et toi, tu ne valais pas mieux que ça ?

– Moi, je n'ai pas eu le choix. Je ne suis pas allé à l'école…

César hésite. Saura-t-il faire comprendre à Sébastien où est son intérêt ? Il se sent, tout à coup, impuissant et très vieux. Alors, il élude la question :

– On en reparlera demain… Dors bien…

Et il quitte la pièce d'un pas pesant. Belle vient se coucher contre Sébastien et lui lèche la joue.

– S'ils croient qu'on va partir au Canada, chuchote ce dernier, ils se trompent. T'inquiète pas, ma Belle !

# 3
## L'inconnu

Le lendemain, en revenant de l'école, Sébastien est dépassé par une Jeep à chenilles. En arrivant à sa hauteur, le conducteur ralentit et, accoudé à sa portière, le toise. Son regard est noir et perçant.

– Le chalet de César, tu connais ? interroge-t-il.

– Oui ! Je peux vous y emmener, si vous voulez ! propose Sébastien.

Le conducteur se penche et ouvre la portière côté passager. Le garçon se précipite pour monter et la voiture redémarre. Sébastien, silencieux, examine le tableau de bord qui lui paraît aussi sophistiqué que celui d'un avion !

– C'est une Jeep américaine ? finit-il par demander.

– Non. Elle appartenait à un colonel allemand.

Sébastien, très fier, annonce :

– Mon père, il leur a volé un avion !

Le conducteur rit doucement.

– Je ne l'ai pas volée. Je l'ai gagnée.

Il montre, dans un petit tiroir, une paire de dés.

– Avec ça. Tu sais jouer ? Tiens, si tu veux, on fait un pari : jettes-en un ! Si tu fais 1, 2 ou 3, je dois deviner ton prénom. Si c'est 4, 5 ou 6, tu dois deviner le mien ! Vas-y !

Sébastien lance le dé et obtient un 2.

– La chance du débutant ! dit l'homme. Attends, je me concentre… Tu t'appelles… Tu t'appelles… Ah, c'est trop dur ! Je n'y arrive pas. Je donne ma langue au chat... Sébastien. Moi, c'est Joseph.

Stupéfait, le garçon ouvre de grands yeux. L'homme manœuvre avec habileté pour se garer près du chalet. Puis il sort du véhicule et s'avance vers la porte. Resté seul, Sébastien lance et relance le dé. Un 2... encore un 2... Un 2, toujours ! Perplexe, il fronce les sourcils. Puis il pose le dé et sort de la Jeep. L'homme et César sont déjà en grande conversation, mais il ne peut pas entendre ce qu'ils se disent. Il aperçoit Belle qui sort du chalet. Une image familière, et pourtant, non. La Belle de tous les jours se précipite vers lui, en quête de caresses ; la Belle d'aujourd'hui s'avance avec lenteur, la tête basse. Elle gronde. Sébastien se hâte de la rejoindre.

– Ça va, ma Belle ? demande-t-il, inquiet.

Il la caresse pour la rassurer. Serait-elle malade ?

– Quand je suis tombé sur l'article du *Dauphiné*, je n'en revenais pas ! déclare au

même instant Joseph. Plus de quatre ans que je la cherche, ma chienne, vous imaginez ?

« Ma » chienne ? Sébastien n'en croit pas ses oreilles.

– César ? Qu'est-ce qu'il raconte ? interroge-t-il.

César croise les bras sur sa poitrine.

– Et qu'est-ce qui prouve qu'elle est à vous ? lance-t-il.

– Vous voyez bien… elle me reconnaît.

Joseph fait un pas vers Belle qui recule, effrayée.

– Ah, oui ? Elle n'est pas vraiment en train de vous faire la fête, pourtant…

– Tous les patous se ressemblent, ajoute Sébastien, inquiet.

– Tous les patous n'ont pas une cicatrice à l'oreille gauche… Une cicatrice en forme de « v »… Elle se l'est faite en essayant d'escalader une barrière quand elle était petite.

Sébastien réagit aussitôt.

– N'importe quoi ! crie-t-il. Je suis sûr que c'est vous qui lui avez fait ! André, il m'a tout raconté ! Il m'a dit que vous l'attachiez à une chaîne trop courte et que vous l'affamiez ! Elle était squelettique quand je l'ai trouvée dans la montagne…

La réplique ne se fait pas attendre.

– Tu vois, tu le dis toi-même : tu l'as trouvée. Elle n'est donc pas à toi. Mais tu t'es très bien occupé d'elle, Sébastien. Je ne te remercierai jamais assez…

Il pose une main sur l'épaule du garçon qui, d'une secousse, se dégage.

Joseph hausse les épaules et se tourne vers César.

– Je suis vraiment désolé que le petit se soit autant attaché, mais…

Lui coupant la parole, César ordonne à son petit-fils :

– Va me chercher mon fusil.

Le vieux berger est déterminé.

– Vous feriez mieux de partir.

Sébastien n'a fait qu'un saut vers le chalet et il est déjà revenu avec l'arme, qu'il remet entre les mains de son grand-père. Joseph commence à reculer.

– Réfléchissez bien, dit-il encore. Un jour ou deux. Ça donnera le temps au gamin de faire ses adieux à la bête…

Et il tourne les talons, revenant sans se presser vers sa Jeep. Sébastien lève la tête vers César.

– Elle a une cicatrice en forme de « v » dans l'oreille gauche, murmure-t-il.

– Ne t'en fais pas, on va trouver une solution, lui assure César.

Ce matin, César a décidé d'accompagner Sébastien au village. Joseph n'est pas revenu, mais il ne va pas renoncer, le berger en est sûr.

– Pourquoi il la veut, Belle ? demande le garçon alors qu'ils aperçoivent les premiers toits de Saint-Martin.

– C'est beaucoup d'argent, un chien comme ça.

– C'est dégueulasse ! s'indigne Sébastien.

– Sébastien ! gronde César.

Le berger fronce les sourcils, puis un sourire effleure ses lèvres.

– Tu as raison : c'est dégueulasse.

Il tend le cou en apercevant une silhouette qui vient à leur rencontre sur le chemin. C'est Urbain, et il a sa tête des mauvais jours.

– Je te cherchais, César, dit-il. On a un problème. Un vrai problème.

Quelques minutes plus tard, à la mairie, Sébastien et César font face à Joseph. Le maire montre, sur son bureau, plusieurs feuilles de papier.

– Monsieur habite à Ormières. Il est venu avec des témoignages écrits d'habitants de son village. Ils disent tous que Belle est à lui, et ils parlent de la cicatrice à l'oreille…

– Ça ne veut rien dire, tu le sais très bien ! le coupe César, exaspéré.

– Si, affirme Joseph. Ça veut dire qu'elle est à moi, cette chienne.

– Les chiens ne sont à personne, le contredit Sébastien. Ils suivent ceux qui les aiment.

– Et il faudra aussi qu'on parle des chiots, ajoute Joseph avec un calme menaçant.

Cette fois, le garçon apostrophe le maire, les larmes aux yeux :

– Les chiots ! On ne va pas lui donner les chiots ?! Tu te souviens de ce qu'il disait, André ? Qu'il la battait, qu'il l'attachait, qu'il l'empêchait de manger…

Urbain paraît de plus en plus gêné.

– André… il boit souvent un coup de trop, tu sais, et…

Outré, César l'interrompt brutalement :

– Alors, c'est ça ? Tu vas le laisser faire ?

– La loi, c'est la loi. Je n'y peux rien, moi.

– La chienne, elle reste ici, réplique le vieux berger d'un ton sans appel.

Joseph serre les poings.

– Puisque vous le prenez comme ça, je reviendrai demain avec les gendarmes, conclut-il.

César lui tourne le dos et quitte le bureau, entraînant le garçon, sonné et muet.

Joseph est sorti de la mairie quelques minutes après César et son petit-fils. Il ne s'attendait pas à les trouver devant la porte du bâtiment. Surpris, il se fige.

– Je vous en donne dix mille francs, lui assène le berger.

– C'est beaucoup d'argent…

– C'est bien pour ça que vous êtes là, non ?

Joseph plisse les yeux.

– D'accord. Trente mille.

César accuse le coup.

– Quinze mille, articule-t-il.

– Vingt-cinq mille.

– Vingt mille, accepte César.

– Vingt mille… C'est tentant, murmure Joseph, faisant naître un espoir fou dans le cœur de Sébastien, qui retient son souffle.

César tend la main pour sceller la négociation. Joseph avance, lui aussi, sa main. Mais à l'instant où il va toucher celle du vieux berger, il se ravise et la retire.

– On n'a pas parlé des chiots, fait-il, rusé.

Sébastien comprend alors que l'homme n'a jamais eu l'intention de vendre Belle. Sa colère déborde.

– Sale type ! rugit-il en se précipitant sur Joseph, fou de rage.

César le retient. L'enfant, ulcéré, jette un regard noir à son grand-père, se dégage avec violence et part en courant.

– Belle, c'est comme mon enfant, plaide Joseph, jouissant de sa victoire. Vous vendriez Sébastien, vous, pour vingt mille francs ?

César a rattrapé Sébastien dans la pente.

– Ne t'inquiète pas, lui dit-il. Ton père ne laissera jamais faire ça...

– Mon père, il ne revient que dans dix jours ! crie le garçon, désespéré.

– Je sais. Mais on va gagner du temps. Ils me connaissent, les gendarmes. Je vais leur expliquer, ils nous aideront…

Sa voix tremble. Pour la première fois, Sébastien regarde son grand-père avec des yeux d'adulte : un vieil homme, appuyé sur sa canne, essoufflé. Et un sentiment inconnu lui déchire le cœur : la pitié.

Après le dîner, ce soir-là, Sébastien attend un long moment, puis il se lève et s'habille chaudement. Il ne sait pas qu'il n'est pas le seul à veiller, cette nuit-là. Non loin du chalet, la flamme d'un briquet éclaire un profil : celui de Joseph, posté dans sa voiture, qui fume sans quitter la maison des yeux.

Sébastien, dans sa chambre, décroche son épaisse cape de berger, la jette sur ses épaules, attrape sa sacoche d'écolier… Sur ses chaussettes, il descend au rez-de-chaussée et entreprend de la remplir de toutes les provisions qu'il peut trouver : fromage, saucisson, pain…

– On n'a pas le choix, dit-il à Belle.

Dans son lit, le vieux berger dort à poings fermés. Sébastien griffonne en hâte un mot qu'il pose bien en évidence sur la table. Puis, sur la pointe des pieds, il sort, suivi de la chienne. Sous l'auvent du chalet est rangé un traîneau. Le garçon y charge son sac ainsi que le panier où dorment les trois chiots sous une chaude couverture. Puis il ouvre la trappe du cellier où il sait trouver des pommes de terre. Il faut que Belle, les petits et lui puissent tenir pendant plusieurs jours… le temps que Pierre et Angelina reviennent. Quand son père sera là, tout s'arrangera. Et il sera bien temps, après, de reparler du Canada et de tout ce qu'on lui a caché…

Alors qu'il remonte avec son chargement, il entend la chienne grogner.

– Chut ! Tu vas réveiller César…

L'aube se lève. Émergeant du cellier, Sébastien voit une silhouette sombre se dresser devant lui.

Joseph.

– Tu pars en vacances, Sébastien ?

Sébastien s'est posté devant Belle qui grogne en montrant les crocs. Joseph, d'un coup de pied, renverse le traîneau et les provisions. Les chiots, réveillés, sortent la tête de leur panier et, effrayés, retournent aussitôt se cacher sous la couverture.

– Tu comptais vraiment t'enfuir avec ce truc ?

Sébastien ne répond pas tout de suite. Il vient de voir que la porte du cellier est restée ouverte et recule lentement, incitant Joseph à venir se placer devant celle-ci.

– C'est ma chienne, commence-t-il. Même si vous la prenez, elle s'échappera et elle reviendra me chercher…

– Ah, oui ? Tu veux parier ? Ne fais pas cette tête-là ! lance l'homme, moqueur. C'est ça, la vie. Un jour tu gagnes, un jour tu perds.

Le regard de Sébastien se durcit. Il a amené son adversaire exactement là où il le souhaitait. Il fait un signe à Belle et crie :

– On parie ?

Quand Joseph comprend ce qui se passe, il est déjà trop tard : Belle s'est dressée sur ses pattes arrière et pèse sur ses épaules de tout son poids. Déséquilibré, il bascule dans le cellier, dont Sébastien referme aussitôt la trappe, passant la barre dans les encoches qui permettent de la verrouiller de l'extérieur.

La première surprise passée, l'homme se jette sur le panneau de bois qu'il martèle à grands coups de poing.

Précipitamment, Sébastien recharge le traîneau et harnache la chienne. Pas le temps de ramasser toutes les provisions : Joseph fait trop de bruit, César va se réveiller et sortir d'un instant à l'autre. Tant pis. Il chausse ses raquettes. Et le petit attelage s'élance vers la montagne enneigée.

En quelques minutes, il a disparu.

# 5 En pleine tempête

Préoccupé, César fait chauffer le café du matin. Il ne remarque même pas le silence qui règne dans le chalet… Au bout d'un moment, pourtant, il lève la tête, puis appelle :

– Sébastien ! Allez, debout, c'est l'heure !

Il pose le pain et deux bols sur la table. Soudain, il se fige. Là, devant lui… C'est l'écriture de Sébastien !

*Tu m'as dit qu'un jour il faudrait partir. C'est maintenant. Sébastien.*

César s'élance vers l'escalier en criant :

– Sébastien !

Dans la chambre du garçon, le lit est vide. Un coup d'œil vers la patère fixée au mur : la cape de berger a disparu. De plus en plus inquiet, César dégringole l'escalier et sort du chalet. Il remarque aussitôt les traces des raquettes et du traîneau qui se perdent à l'horizon.

Il hurle encore :

– Sébastien ! SÉBASTIEN !!!

Des coups sourds répondent à son appel. Il se précipite, débloque la trappe du cellier qu'il rabat et découvre… Joseph, furieux.

– Qu'est-ce que vous faites là ? demande-t-il, stupéfait.

– Ton gosse a pris MA chienne. Où sont-ils partis se cacher ? crie Joseph. Réponds, le vieux !

– Je n'en sais rien, dit César, méprisant. Et vous êtes chez moi, ici ! Allez, fichez le camp !

En colère, il bouscule l'homme qui le repousse sans le moindre effort et le toise, sûr de sa force et de son bon droit.

– Cette chienne finira par monter dans ma Jeep, lâche-t-il, les dents serrées. Crois-moi !

Durant les premières heures de la matinée, le ciel est devenu blanc. La tempête approche. César a ameuté tout le village. Durant toute la journée, avec Urbain et une dizaine de volontaires, les recherches se sont poursuivies. L'après-midi s'avançant, c'est à la lueur des torches que les hommes continuent à progresser sur les sentiers de la montagne. Tous crient le nom de Sébastien. Ils savent qu'une tempête comme celle qui se prépare peut être mortelle pour le voyageur solitaire. Mais leurs appels se perdent dans le brouillard.

– C'est une vraie purée de pois ! s'exclame un villageois. Et ça ne va pas se calmer. On va finir par perdre des gars…

– Si tu es venu pour dire qu'on ne les retrouvera pas, tu peux rentrer chez toi ! le coupe Urbain. Les premières heures sont les plus importantes.

Il se remet aussitôt en route, mais César s'est immobilisé.

– Il a raison, dit-il. Ça ne rime à rien. On ne sait même pas où il a prévu d'aller… Il a pris sa cape de berger. Il n'a pas l'intention de rentrer de sitôt. C'est ma faute. Je n'ai pas su le rassurer.

Le maire pose une main sur son bras.

– Belle est avec lui… Il va s'en sortir.

– Sa mère est morte un jour de tempête, dit César, la voix tremblante. Un jour comme celui-ci…

Pendant ce temps, Sébastien et Belle progressent à flanc de montagne. Il fait de plus en plus sombre. Le garçon s'immobilise un bref instant pour observer les nuages qui recouvrent les montagnes.

– Ça vient droit sur nous, dit-il, l'air préoccupé.

Il montre à Belle le sommet le plus éloigné.

– On va se cacher aux Molines. Personne ne pensera à nous chercher là-bas. J'espère seulement qu'on y arrivera…

La neige commence à tomber.

– Faut se dépêcher ! Allez, ma Belle !

Au village, c'est l'affolement. César, ne sachant plus quoi faire, il a décidé de s'adresser aux écoliers. Debout, près du tableau noir, il ne parvient pas à cacher son angoisse.

– Si Sébastien vous a dit quoi que ce soit, il faut qu'on le sache…

– Il n'y aura pas de punition, intervient le maître, si vous savez quelque chose et que vous ne l'avez pas dit avant.

Au premier rang, Marie serre les poings sous son pupitre.

– Des fois, on fait des choses et on les regrette, explique César. Sébastien est peut-être en train de regretter ce qu'il a fait. Vous êtes ses amis, c'est le moment de l'aider !

Les élèves restent silencieux. Le maître se tourne vers César avec un sourire désolé. Celui-ci baisse la tête et sort d'un pas lourd. Dehors, la neige lui fouette le visage. Il a bien du mal à regagner le chalet. Mais il ne sent pas la morsure glacée de la tempête. Où est Sébastien ? A-t-il trouvé un abri ? S'il est dans la montagne, il ne survivra pas…

Désespéré, le vieil homme regarde encore une fois les sommets, à présent presque invisibles dans les fumées chassées par la bise. Dans son regard, il y a une supplication.

*Tu as déjà pris la mère... ne prends pas l'enfant !*

Belle et Sébastien avancent pas à pas, tirant le traîneau derrière eux. Une gifle de vent décoiffe Sébastien, qui doit rattraper son bonnet. Lorsqu'il se relève, il ne voit plus autour de lui qu'un dense rideau de neige. Belle et le traîneau ont disparu.

– Belle ! Belle ! BELLE !!! crie-t-il.

Nul aboiement ne lui répond. Il doit se rendre à l'évidence : il est perdu. Il se force quand même à avancer. Quand on avance, on finit toujours par arriver quelque part. Il trébuche, tombe, se relève, recommence. Seul l'instinct de survie fait encore se mouvoir ses bras et ses jambes, mais de plus en plus lentement. La dernière chute lui paraît douce. Il ne sent plus le froid.

La neige est moelleuse, et il est si fatigué… Il s'abandonne. À cet instant, il n'a plus la force d'avoir peur. Il voudrait juste se reposer un peu… fermer les yeux…

– Sébastien…

La voix est douce. La main qui se pose sur son visage est plus douce encore.

Dans un effort suprême, Sébastien cligne des yeux, il croit distinguer la forme d'une femme… C'est Lisa. C'est sa mère ! Elle est là, elle lui sourit, lui parle, lui caresse la joue :

– Sébastien… *Stare con me…*

– Maman… balbutie-t-il.

– *Non dormire, bambino mio. Non dormire…*

*Ne dors pas. Reste avec moi.*

La voix s'éloigne. Sébastien ouvre les yeux : Belle lui lèche énergiquement le visage.

– Maman… Belle ?

La chienne, le museau levé, semble évaluer la puissance de la tempête. Le vent n'a pas faibli. Et Sébastien, qui essaie de se redresser, n'y parvient pas. Ses membres sont engourdis. Vaincu par le froid, exténué, il se laisse retomber dans la neige. Alors Belle suit son instinct. Et se met à creuser.

# 6

# Le refuge

La nuit est tombée sur la montagne. Le corps de Sébastien, inerte, se recouvre peu à peu de poudreuse. Mais Belle mord dans le col de sa cape et le tire vers la cavité qu'elle vient de creuser à l'aide de ses crocs et de ses puissantes pattes. Elle le fait rouler à l'intérieur, puis ressort. Quand elle réapparaît, elle pousse avec son museau le panier où ses petits sont blottis. Aussitôt, elle entreprend de boucher l'ouverture avec de la neige, puis elle se couche contre Sébastien, le protégeant de son corps et de sa fourrure. Les chiots sortent du panier et se blottissent contre eux. Tous partagent leur chaleur.

Au matin, la tempête a cessé. Sébastien et Belle sortent de l'igloo creusé par la chienne. Les deux amis sont frigorifiés, couverts de givre, mais bien vivants. À leur tour, les petits patous montrent le bout de leur museau et, maladroits, se hissent en gigotant hors du trou. Belle les accueille d'un grand coup de langue.

– Belle… murmure Sébastien. Tu m'as sauvé la vie. Tu nous as tous sauvés !

La petite troupe reprend bientôt son avancée et, après un long moment, débouche sur un large plateau enserré entre de hautes barres rocheuses.

– Regarde, Belle ! s'écrie Sébastien. On a réussi !

Et il montre du doigt un point minuscule : le refuge des Molines, niché au centre du plateau. Galvanisés, ils repartent d'un bon pas : le but est proche…

La porte du refuge s'ouvre en grinçant.

– C'est parfait ! s'exclame Sébastien, ravi.

Il se dirige vers la cheminée, y empile de vieux journaux tirés de son sac, des bûchettes bien sèches et enfin trois beaux morceaux de bois. Il craque une allumette et regarde les premières flammes lécher le bois qui grésille.

Quelques heures plus tard, le refuge délabré a changé d'aspect : une fenêtre brisée a été colmatée avec des morceaux de planches, le sol a été balayé. Le feu crépite joyeusement. Les chiots, épuisés par leur longue randonnée, dorment dans leur panier installé au coin de la cheminée.

Tout en s'activant, Sébastien explique à Belle :

– On va rester ici jusqu'au printemps. Et puis après, on passera en Italie. Là-bas, je nous trouverai un troupeau et on fera la transhumance.

Après avoir jeté la poussière dehors et refermé la porte, il entreprend de fouiller le placard. Déception : il ne contient que quelques quignons de pain dur comme de la pierre. Belle, les yeux fixés sur le garçon, aboie. Sébastien soupire.

– Je sais, Belle. Mais on ne peut pas rentrer. Tu les as entendus ? La loi, c'est la loi. Ils ne peuvent rien faire pour nous. Ni César, ni personne.

Sébastien jette une couverture sur ses épaules et sort de sa besace toutes les provisions qu'il a réussi à emporter.

– Du fromage, du pain, des noix, des châtaignes, un saucisson, un pot de confiture et...

Sa main plonge dans le sac et en ressort avec... un livre. *Les Trois Mousquetaires.*

– On ne va pas tenir longtemps avec ça, fait-il, déçu.

Il coupe une tranche de saucisson et la tend à la chienne... qui avance la tête et dévore en deux coups de crocs le saucisson tout entier ! Sébastien ouvre des yeux incrédules.

– Bon. Demain, on ira chasser. Il y a peut-être encore des lièvres.

Belle retourne près de la cheminée et se met à lécher ses petits. Sébastien, pensif, contemple le feu. Il se sent tout à coup très seul...

– De toute façon, murmure-t-il, papa et Angelina, ils ont autre chose à penser... Ils vont faire des bébés...

Pour se changer les idées et oublier la faim qui le tenaille, il ouvre son livre au hasard, parcourt une page et commence à lire à haute voix, pour Belle et les chiots qui ont levé la tête et le fixent, attentifs :

« – C'est avec Monsieur que je me bats, dit Athos en montrant D'Artagnan.

– C'est avec lui que je me bats aussi, dit Porthos.

– Mais à une heure seulement, répondit D'Artagnan.

– Et moi aussi, c'est avec Monsieur que je me bats, dit Aramis en arrivant sur le terrain.

– Mais à deux heures seulement, fit D'Artagnan avec le même calme. »

Sébastien s'est laissé prendre par le récit. Il sourit en voyant quatre paires d'yeux tournés vers lui et continue sa lecture, tandis que la nuit tombe autour du refuge et que quelques flocons volettent encore dans l'air glacial…

Au village, César s'est installé dans le bureau d'Urbain. Il est suspendu aux lèvres du maire, qui passe coup de téléphone sur coup de téléphone.

– Si vous les voyez, vous me rappelez tout de suite. Un grand patou, un garçon de douze ans, trois chiots... Surtout vous ne lui dites rien, au gamin, compris ?

Il raccroche, regarde César et secoue la tête, l'air navré. Cette fois encore, pas de nouvelles. Le visage du berger est creusé par l'angoisse, son front paraît plus ridé.

– Ça fait trois jours...

– Pourquoi tu ne préviens pas son père et Angelina ? l'interroge Urbain.

– Je n'arrive pas à les joindre...

– Alors on continue. Suivant. Saint-Vincent-sur-Jabron. Je les appelle.

Non loin de là, dans la salle de classe, Marie n'écoute pas : elle regarde la place vide à côté d'elle. Puis la fenêtre aux vitres étoilées de givre. De son porte-plume, une grosse goutte d'encre tombe et s'écrase sur son cahier sans qu'elle y prête attention…

Qu'a-t-elle vu, Marie ? Ou deviné ? Que sait-elle ?

Elle semble ailleurs.

Pendant la récréation, la disparition de Sébastien est l'unique sujet de conversation. Hector prend un air horrifié pour annoncer :

– Moi, mon père, il dit qu'il est mort… qu'on ne peut pas survivre là-haut avec la tempête.

À ces mots, Marie devient toute pâle. Sans se faire voir, elle s'écarte du groupe des enfants et file vers la barrière de l'école, qu'elle pousse avant de détaler en courant vers la mairie. La fillette grimpe les marches du perron et pénètre dans un couloir. Par une porte entrouverte, elle entend la voix d'Urbain.

– Merci, Hubert. Oui, surtout tu me tiens au courant si tu entends parler de quoi que ce soit.

Sans faire de bruit, Marie s'approche et regarde à l'intérieur de la pièce. Le maire vient de reposer le combiné du téléphone sur son socle.

– C'était le dernier, soupire Urbain. On a appelé tous les villages à quarante kilomètres à la ronde.

– Dis-moi qu'il y a encore quelque chose à faire, supplie César.

Soudain, il cligne des yeux, devinant une présence : celle de la fillette immobile dans l'encadrement de la porte, à demi

dissimulée par le battant. Marie. Pourquoi est-elle là ? Dans le cœur du vieux berger, un petit espoir renaît. Haussant la voix, il s'adresse à Urbain :

– Tu imagines, là-haut ? Il fait moins trente, la nuit… Avec la neige, tu ne peux même pas faire de feu… une vraie torture !

Un coup d'œil furtif vers la porte. La petite silhouette ne bouge pas. Alors César en rajoute :

– Et s'il y avait une avalanche ? S'il était tombé sur un loup ?

La porte grince. Marie se dévoile enfin, les yeux baissés, des larmes sur les joues. La voix de César se fait douce.

– Marie… tu sais où il est ?

– Oui, répond-elle très bas. Quand cet homme est venu… il m'a dit qu'il ne lui laisserait jamais Belle, qu'il irait plutôt se cacher dans la montagne. Dans un endroit qu'il connaît bien…

– Le refuge des Molines ! s'écrie César en sortant de la mairie au pas de charge, suivi par Urbain. J'aurais dû y penser plus tôt ! On y est passés cet été pendant la transhumance. Sébastien a adoré cet endroit.

– Comment on va faire ? interroge le maire.

– C'est peut-être le moment de la sortir, ta 4 CV, non ?

Tous deux contournent le bâtiment. Ils n'ont pas vu Joseph qui les épiait et a surpris leur conversation.

7

# Le petit malade

Belle et Sébastien sont tapis dans la forêt, aux aguets. Le garçon tient un lance-pierre dans lequel il a posé un caillou et observe avec attention le tapis de neige. Il finit par voir quelques traces : un lièvre.

Soudain, l'animal détale ! Aussitôt, Belle le prend en chasse. Elle est rapide, mais moins que le lièvre qui, en quelques bonds, regagne l'abri d'un buisson et disparaît. Sébastien, lui, a décoché sa pierre

qui a heurté un tronc et est retombée dans la neige.

Essoufflés et bredouilles, le garçon et la chienne reviennent d'un pas fatigué vers le refuge. Sébastien se hâte de ranimer le feu. Puis il fait chauffer une casserole pleine de neige fondue et, quand l'eau se met à bouillir, il y jette des lichens et des herbes dures qu'il a ramassés sur le chemin.

– Soupe d'herbes, annonce-t-il, feignant la gaieté. Pendant la guerre, ils ne mangeaient que ça. Pas la guerre quand j'étais petit, l'autre, celle d'avant, dans les tranchées. C'est César qui m'a raconté.

Il touille le mélange avec une cuillère en fer-blanc, puis goûte sa soupe.

– C'est dégueulasse…

Dépité, il décide de se replonger dans son livre, malgré ses crampes d'estomac. Il a faim, oui… mais pas encore au point de manger *ça* !

Au milieu de la nuit, Sébastien se réveille en sursaut : Belle lui donne de petits coups de museau dans le dos. Manifestement, elle veut qu'il aille voir ses petits. Sébastien se lève en trébuchant et, les yeux gonflés de sommeil, se penche sur le panier. L'un des chiots semble avoir du mal à respirer. L'enfant allonge le bras et tâte la truffe.

– Il est bouillant. Il a dû prendre froid…

Sébastien se redresse, va prendre la couverture et en enveloppe le petit patou.

Il se met à le bercer avec tendresse, sous le regard inquiet de Belle.

– Il tousse… Il va falloir le soigner. Ne bouge pas, Belle, surveille-le. Je vais rallumer le feu…

Dans les cendres, quelques braises luisent encore. La flambée reprend en quelques minutes. Sébastien remet à chauffer la casserole de « soupe » qu'il n'a pas mangée le soir. Il y ajoute d'autres herbes, qui pendent en bottes depuis le toit. Quand la vapeur s'élève, il reprend le chiot dans ses bras et le tient au-dessus du liquide bouillant.

– Il y a du millepertuis, de la menthe poivrée et de la sarriette, explique-t-il à Belle, qui suit chacun de ses mouvements. Ça va empêcher que ça se transforme en bronchite.

Quand le « traitement » s'achève, il recouche le chiot près de sa mère et lui présente un bol d'eau. Mais le patient refuse de boire. Et il continue à tousser.

– Il faut boire, allez ! Angelina m'a toujours soigné comme ça !

Nouveau refus. Sébastien soupire et pose le bol par terre. Belle se met à lécher le pelage ébouriffé de son petit.

– C'est ça, dit l'enfant. Il faut le garder au chaud et attendre… Ça va aller !

Mais quelques heures plus tard, le chiot tousse toujours. Le garçon lui fait respirer encore la vapeur d'eau saturée du parfum des plantes sauvages.

– Les dernières feuilles de menthe… Ça devrait suffire. Je suis sûr qu'il a déjà moins de fièvre.

Touchant la truffe du petit animal, il constate, désolé, qu'elle est encore brûlante.

– Il faut au moins deux ou trois jours… Ça va aller, Belle, je t'assure. Il est costaud, il tient de sa mère.

Il caresse la tête de la chienne. Autour d'elle, les deux autres petits gambadent joyeusement. Dehors, la neige s'étend à perte de vue. Ils sont seuls dans la montagne.

Sur la route qui s'élève en lacets vers les sommets, la belle voiture neuve d'Urbain roule à petite vitesse.

– Rassure-moi, lui lance son passager, impatient. Il y a bien un moment où tu vas accélérer, non ? Ce n'est pas sur le frein qu'il faut appuyer pour aller plus vite !

– Tu vois bien que la route est glissante ! s'exclame Urbain.

– Si j'avais su, j'aurais pris un âne, je serais allé plus vite…

Une sèche détonation interrompt les récriminations du vieil homme : un pneu vient d'éclater. La 4 CV zigzague avant de s'immobiliser sur le bas-côté, à quelques centimètres du ravin.

– Mais c'est pas vrai ! s'écrie César, exaspéré.

Il ouvre sa portière à la volée et saute de la voiture.

– La roue de secours, vite !

– C'est ta faute aussi… râle Urbain en descendant à son tour. Tu me fais conduire comme un dératé…

César pose la roue contre la carrosserie et se plante devant lui.

– Tu sais où on est, là ?

– Euh, je dirais quelque part entre Rougemont et Larcueil…

– C'est-à-dire nulle part. On est NULLE PART ! Voilà où on est, mon vieux !

Joseph, posté sur un surplomb d'où les deux hommes ne peuvent le voir, ricane doucement et range son fusil dans la Jeep. Il a réussi un beau tir : voilà les deux « sauveteurs » hors jeu pour un bout de temps…

Pour lui, maintenant, la voie est libre.

# 8 L'enlèvement

La fièvre du chiot a fini par tomber. Sébastien le recouche à côté des autres et couvre le panier.

– Il va beaucoup mieux, chuchote-t-il à Belle.

La chienne lui lèche la main. Soulagé, le garçon se penche pour la caresser mais un étourdissement le force à s'asseoir : il n'a presque rien avalé depuis trois jours.

*Belle est plus forte, mais elle doit elle aussi souffrir de la faim*, se dit-il.

– Faut que je mange… et toi aussi. Viens, ma Belle… Ne t'inquiète pas, on sera revenus avant qu'ils se réveillent.

Le garçon s'habille et enfile ses grosses chaussures de montagne. Puis il ouvre la porte du refuge et sort, suivi de Belle.

– On va y arriver, répète-t-il, farouche, en se mettant à marcher péniblement dans la neige.

Belle le pousse du museau. Il s'arrête et la regarde. Elle a une idée, il le sait. Il sait aussi à quel point son instinct de survie est fort. Il doit la suivre…

La chienne le conduit vers un petit lac gelé, à une centaine de mètres de là.

– Bon, je vois ce que tu as en tête, s'exclame le garçon. Mais tu es sûre ? César, il dit que ça craque comme un rien…

La chienne lance un aboiement autoritaire. Oui, elle est sûre d'elle, Sébastien le comprend. Faute de pouvoir chasser, ils vont pêcher la nourriture qui leur est indispensable. Car maintenant, pour eux

comme pour les chiots, c'est une question de vie ou de mort…

Joseph a garé sa Jeep sous le refuge des Molines. Il prend son fusil et s'avance vers la maisonnette. Ce sale gosse qui croyait l'avoir berné va regretter son insolence !

Il pousse le battant. Sébastien n'est pas là. Mais les chiots, effrayés par son intrusion, ont quitté leur panier, sauf le petit malade. L'homme se baisse, attrape un petit par la peau du cou. Le deuxième patou s'est réfugié derrière un banc poussé contre le mur. Joseph n'a aucun mal à le saisir. Il remet les fugitifs dans le panier et rajuste la couverture pour empêcher toute nouvelle tentative d'évasion.

Finalement, l'absence du garçon et de la chienne l'arrange. Maintenant, il tient son appât. Il n'a plus qu'à attendre que Sébastien, et surtout Belle, tombent dans son piège…

Sébastien a percé un trou dans la glace et pêche avec une ficelle, comme dans le Grand Nord. Il a mis au bout de la peau de saucisson et tordu un bout de fil de fer en guise d'hameçon. Soudain, le fil se tend : une prise ! Sébastien remonte un bel omble chevalier de l'eau glacée.

– Regarde ! lance-t-il joyeusement à Belle. Avec ça, tu vas te régaler !

Belle happe aussitôt le poisson, qu'elle gobe d'une seule bouchée. Sébastien proteste :

– On avait dit qu'on faisait des réserves… Bon, on continue.

Une heure plus tard, il a pêché cinq poissons. Ils ont de quoi manger pendant au moins deux jours. Le froid permettra à ses prises de se conserver. C'est donc rassuré qu'il reprend le chemin du refuge.

Mais à l'approche de la maisonnette, Belle se met à grogner.

– Qu'est-ce qu'il y a, Belle ? C'est César, tu crois ?

Sébastien laisse échapper un cri : il vient d'apercevoir la Jeep. Il se met à courir, tandis que Belle bondit en avant.

Joseph est au volant. Le moteur ronronne, et le panier des chiots est posé à l'arrière, bien en vue. Une bâche le couvre en partie. En voyant l'enfant et la chienne surgir dans son rétroviseur, il ne peut s'empêcher de sourire. Jusque-là, tout se déroule comme prévu.

– Belle ! crie Sébastien.

La chienne court vers ses petits. Elle a déjà distancé le garçon quand celui-ci comprend ce qu'elle va faire.

– Belle ! Non !

Trop tard : l'instinct maternel est plus fort. Belle prend son élan et, d'un bond formidable, saute à l'arrière. Joseph, qui la guettait, actionne un levier et une grille métallique se referme sur elle. La bâche dissimulait une cage !

Sébastien, en larmes, tombe à genoux dans la neige alors que le véhicule démarre et s'éloigne en cahotant.

# 9
## Alba

César a fini par prendre le volant. Sur la route gelée, il conduit comme un pilote de course. Le maire, affolé, tente de le calmer :

– César ! Arrête ! Tu vois bien que la voiture ne pourra pas aller au bout… César ! Tu vas me démolir ma boîte de vitesses !

Le berger ne répond pas. Il pile et saute hors de la voiture.

– César ! crie Urbain dans son dos. Ne fais pas ta tête de mule…

Il s'époumone en vain : son ami file aussi vite qu'il peut sur le sentier enneigé qui conduit au refuge. Il n'est pas loin de son but quand il entend un bruit de moteur : la Jeep de Joseph apparaît dans le virage.

César se plante au milieu du sentier, les bras étendus. Mais Joseph ne ralentit pas. Au tout dernier instant, César se jette hors du sentier : il a compris que l'autre ne renoncerait pas. Qu'il lui passerait sur le corps plutôt que de s'avouer vaincu… Malgré tout, la voiture heurte son bras de plein fouet.

Frottant son avant-bras meurtri, le berger se relève avec peine. Il a tout juste le temps d'apercevoir Belle dans la cage installée à l'arrière de la Jeep… mais pas de Sébastien. César fonce en boitillant vers le refuge.

La porte est fermée. D'un coup d'épaule, il la repousse et scrute la pénombre. Dans un coin, Sébastien, prostré, pleure à chaudes larmes. Soulagé de le retrouver sain et sauf, le vieil homme se précipite et le prend dans ses bras pour le serrer contre lui.

– Belle… ses petits… Je lui avais promis de les protéger, balbutie Sébastien entre deux sanglots.

– Tu as fait de ton mieux. C'est ma faute, répond César, accablé.

– Il va la tuer… je suis sûr qu'il va la tuer.

Impuissant devant ce chagrin, son grand-père ne peut que l'étreindre plus fort et le bercer en chuchotant des paroles qu'il voudrait rassurantes. Mais, pas plus que Sébastien, il n'a foi en l'avenir.

L'enfant a fini par se calmer. Assis près de César, il lui bande le poignet. Le berger se fait des reproches.

– Ce Joseph… il m'a suivi… Il a toujours eu un coup d'avance… Je suis trop vieux, conclut-il, découragé.

– Non, c'est moi qui suis trop petit, soupire son petit-fils.

– On va aller les chercher. Chez lui. Hors de question de se laisser faire !

– Non, on ne va pas se laisser faire ! lui fait écho Sébastien.

Le cœur du berger se serre : sera-t-il à la hauteur de la confiance qu'il lit dans les yeux de l'enfant ? Tournant la tête, il constate que Sébastien a aménagé de son mieux son abri : le sol est balayé, une couverture devant le feu sert de tapis.

– Pour un petit, tu as fait du sacré bon boulot !

Cette fois, le garçon lui offre son plus beau sourire.

– Je peux être utile, tu vois.

César fronce les sourcils, perplexe. Son petit-fils ne le laisse pas s'interroger longtemps et continue :

– Pourquoi tu les laisses m'emmener au Canada ? J'étais sous la table, au mariage, poursuit-il, accusateur. J'ai tout entendu.

Désemparé, le grand-père bredouille :

– La… la place des enfants, c'est avec leurs parents…

– Mais toi, tu es plus que mon grand-père, rétorque Sébastien.

– Oui, mais je ne suis pas ton père. Ton père, c'est Pierre… Avec lui, tu vas voyager. Moi, j'aurais rêvé de faire ça, à ton âge.

– Mais moi, je ne suis pas toi.

Que dire ? César fait une dernière tentative.

– Tu sais, il y a des bergers au Canada.

La réponse fuse aussitôt :

– Moi, ce que je veux, c'est être berger, ici. Avec Belle. Avec toi. Si je pars, ça ne sera plus jamais comme avant.

– C'est vrai, dit César, pensif.

Il caresse maladroitement les cheveux de Sébastien.

– Mais peut-être que ce sera mieux, murmure-t-il d'une voix douce.

Le garçon n'a pas le temps de protester : la porte s'ouvre et tous deux bondissent, prêts à se battre. Mais ce n'est qu'Urbain, écarlate. La montée a été raide pour un homme de son âge, qui ne sort presque jamais de son bureau !

– J'ai fait aussi… vite que j'ai pu, halète-t-il.

Sans lui laisser le temps de s'asseoir, César enfile sa veste et lance :

– On y va !

Sébastien lui emboîte le pas. Tous deux sortent du refuge sous les yeux exorbités du maire qui supplie :

– Déjà ? Attendez-moi !

La 4 CV d'Urbain n'a sans doute jamais atteint pareille vitesse : c'est encore César qui conduit, pied au plancher.

– Tu avais raison, clame le berger. C'est un bijou, cette voiture !

Urbain, ferme les yeux, résigné à finir dans un fossé…

– Et… et une fois à Ormières, bredouille-t-il d'une voix blanche, c'est quoi votre plan ?

– Comme les mousquetaires ! crie Sébastien depuis le siège arrière. On fonce dans le tas !

– C'est à la limite de la loi, précise César qui a un peu ralenti. Ça te pose un problème ?

Urbain regarde son ami, qui semble tout à coup rajeuni, plein de fougue. Dans le rétroviseur, il croise le regard de Sébastien. L'enfant a les yeux brillants. Alors Urbain sent, en lui aussi, renaître l'esprit d'aventure.

– Aucun !

Puis il tape sur l'épaule de César.

– Alors, qu'est-ce que tu fais, mon ami ? Accélère !

La voiture passe en trombe devant le panneau indiquant Ormières. César avance dans la rue principale, puis décide de garer le véhicule.

– On va commencer par là, dit-il. Urbain, tu prends le côté gauche de la rue. Moi le droit.

Mais personne, dans les maisons où ils frappent, n'ouvre sa porte…

Pendant ce temps, Sébastien pénètre dans une ruelle… et se fige : à l'autre bout, un grand patou blanc vient d'apparaître.

– Belle ?

Au son de sa voix, le grand chien tourne la tête. Ce n'est pas Belle : son œil droit est entouré d'un cercle noir. Sébastien le suit. Le patou longe la rue sans se presser et, arrivé devant l'école, se faufile par une porte entrouverte. Il semble être un habitué des lieux. Au bout du couloir donnant sur les salles de classe, il tourne à gauche, monte un escalier et entre dans une pièce dont la porte n'est pas fermée. Sébastien a pressé le pas pour le rejoindre : il se retrouve dans un petit salon douillet. Sébastien s'approche du chien, le caresse. Le patou le renifle, puis lui lèche la main.

– Qu'est-ce que je fais là, moi ? s'interroge-t-il à haute voix.

– J'aimerais bien le savoir aussi ! s'exclame une voix féminine.

Sébastien sursaute et se retourne, découvrant une petite dame d'une soixantaine d'années.

– C'est votre chien qui m'a amené ici, dit Sébastien.

– Mon chien ? s'étonne la femme. Qu'est-ce que tu as encore fait, Alba ?

Alba aboie et se met à tourner autour de l'enfant, le flairant sans cesse, le bousculant avec une subite affection.

– Ou plutôt, qu'est-ce que tu lui as fait ? continue l'occupante des lieux. Elle n'est pas comme ça, d'habitude…

– Je ne lui ai rien fait, je vous jure… Je cherche Joseph. Lui, il m'a volé ma chienne !

Le garçon montre Alba.

– Elle lui ressemble. Juste, elle n'a pas l'œil noir. Il dit qu'elle est à lui, mais ce n'est pas vrai…

Le regard de la femme s'est adouci.

– Ta chienne, elle s'est enfuie il y a plus de quatre ans. Pendant l'été 43.

Sébastien, stupéfait, ouvre de grands yeux.

– Comment vous le savez ?

– Alba est sa mère. Je comprends maintenant pourquoi elle te renifle comme ça…

– Oh… C'est la mère de Belle !

Cette fois, la femme sourit franchement.

– Tu l'as appelée Belle ? C'est joli… Moi, je m'appelle Madeleine.

# 10

# Au secours de Belle

Alba sur leurs talons, l'institutrice et le garçon sont sortis de l'école et parcourent les rues du village à la recherche de César. Sébastien a tout raconté à Madeleine. Il sait qu'elle est de son côté. En approchant de la place, ils entendent un appel.

– Sébastien ! Sébastien ! s'exclame le grand-père en s'approchant de lui avec Urbain. Mais où étais-tu ? On t'a cherché partout ! Nous…

– Bonjour ! le coupe Madeleine d'un ton ferme.

– Pardon, s'excuse le berger. Mais j'étais inquiet pour le petit.

Il lui tend la main.

– Je m'appelle César.

– Je m'appelle Madeleine, dit l'institutrice en serrant la main tendue.

César baisse les yeux vers la chienne et fronce les sourcils.

– Ce n'est pas Belle, dit Sébastien. C'est sa mère.

– La mère de Belle ? s'étonne César.

– Oui, répond ironiquement Madeleine. Pas la mienne, vous vous en doutez.

Un éclair d'humour passe dans les yeux du berger. Il a compris qu'il a affaire à une femme de caractère !

– On cherche… commence César.

– Je sais.

– Et vous savez où…

Une fois encore, elle ne le laisse pas finir sa phrase.

– Suivez-moi.

Quelques minutes plus tard, cinq silhouettes se faufilent entre les arbres, à l'écart du chemin qui mène au cimetière et à la maison de Joseph. Quatre humains, un chien.

Le bâtiment où Belle et ses petits sont prisonniers se dresse au-dessus du village comme une forteresse imprenable. Sébastien frissonne, pas très rassuré.

– Ça fait longtemps que vous le connaissez, Joseph ? chuchote César à Madeleine.

– Il est arrivé avant la guerre.

– Fossoyeur, marmonne le berger. Tout un programme…

Sébastien frissonne. Puis un hurlement le fait sursauter. C'est Belle.

– Elle t'a senti, murmure Madeleine qui se penche pour caresser Alba. Et toi aussi, tu l'as sentie, n'est-ce pas ?

Belle hurle à nouveau. Sa lamentation est presque couverte par les vociférations de Joseph.

– Tu vas te taire, sale bête !

Un bruit métallique retentit, comme si l'homme avait donné un coup de gourdin contre des barreaux. César serre les dents. Il est prêt à s'élancer quand l'institutrice l'immobilise, lui aussi, d'une main ferme.

– Et qu'est-ce que vous allez faire ? Foncer dans le tas ? Avec votre bras blessé, vous allez être très efficace.

– Mais on ne peut pas rester là sans rien faire ! s'écrie Sébastien, les larmes aux yeux.

– Il nous faut un plan, décide l'institutrice.

Le maire de Saint-Martin avance :

– Un plan où on ne se fait pas prendre… parce que je vous rappelle que, légalement, la chienne est à lui.

– Ah, non, s'insurge Madeleine. Elle n'est pas à lui !

Les quatre conspirateurs ont parlé longtemps. Ils ont échafaudé tout un plan… Puis Madeleine les a guidés vers une maison abandonnée, à l'entrée du village. Les volets sont clos, la porte fermée à clé. Cela n'arrête pas l'institutrice. Elle donne un bon coup de pied dans le battant, qui cède.

– C'est quoi votre métier, déjà ? demande César avec un petit sourire.

– Institutrice, pourquoi ? Venez. Je vais vous montrer quelque chose.

Elle entre dans la salle, ouvre un volet et se dirige vers la cheminée sur le rebord de laquelle s'alignent des photos.

– Regardez, dit-elle. C'était lui, l'ancien maître de Belle.

Sébastien s'approche et scrute la photo, ému : à côté d'un homme âgé, un tout jeune patou… sa Belle, toute petite !

– J'ai donné Belle à René quand sa vue a commencé à baisser, raconte Madeleine. Elle avait à peine un an, mais elle a compris tout de suite que le berger avait besoin d'elle. Elle menait le troupeau, elle sortait les moutons…

Le garçon ne peut s'empêcher de se sentir fier. Belle est décidément une chienne exceptionnelle !

– Et puis René est mort. Il n'avait pas d'héritiers, alors les bergers du coin se sont partagé les moutons. Et Joseph a mis la main sur Belle…

– Personne ne l'en a empêché ? s'indigne César.

Madeleine baisse la tête.

– C'était la guerre. Il était ami avec les Allemands. J'ai eu peur.

– Tout le monde a peur de lui, constate Sébastien tristement. Et Belle ? Comment elle a fait pour s'enfuir ?

– Elle ne s'est pas enfuie. Je l'ai libérée. Une nuit, je me suis faufilée dans la cour de Joseph et j'ai ouvert la porte de sa cage. Je ne pouvais pas la garder, il serait venu la reprendre. Alors, je lui ai dit de filer… Elle était tellement intelligente ! Je savais qu'elle trouverait une personne… une personne comme toi, Sébastien, achève-t-elle en souriant à l'enfant. Quelqu'un qui saurait la comprendre et l'aimer.

Pendant qu'elle parlait, César s'est approché de la fenêtre. De là, on peut voir la colline, le cimetière et la maison de Joseph.

– Vous êtes sûre qu'il va sortir ? demande-t-il.

– Tous les vendredis, il y a un tournoi de cartes. Et Joseph n'en a jamais raté un. Pas un seul ! Ne vous en faites pas…

– Le voilà ! s'écrie Urbain à cet instant. Je le vois.

Sébastien se précipite vers la vitre et observe avec attention Joseph qui ferme sa porte à double tour et commence à descendre le chemin qui mène au village. César se tourne vers Urbain.

– Tu es sûr que tu vas y arriver ? lui demande-t-il, anxieux. Il va falloir que tu le retiennes un bon bout de temps.

Le maire de Saint-Martin bombe le torse d'un air assuré.

– Tu sais ce que c'est, ton problème ? Tu me sous-estimes ! lance-t-il. Bon, je vais sortir par la porte de derrière. S'agirait pas qu'il me voie quand il passera devant la maison. Repoussez le volet !

Tandis qu'il s'éclipse, Sébastien obéit. Par une fente, il épie Joseph, qui passe devant la maison de René où ils se sont cachés, et entre dans le village. Pour lui, c'est une soirée comme les autres…

Mais pas pour Sébastien. Car tout va se jouer maintenant.

# 11

## Diversion

En ce vendredi soir, l'ambiance est joyeuse dans le vieux café d'Ormières ! On boit, on danse… Joseph salue à la ronde et rejoint une table où une partie de cartes se prépare. Mais ce soir, il y a un étranger parmi les habitués, un étranger dont la voix résonne dans son dos :

– Il paraît que vous êtes le roi du rami ?

Surpris, Joseph se retourne et reconnaît Urbain, le maire de Saint-Martin.

– Vous ? Qu'est-ce que vous faites ici ? Et il est où, le petit sauvage ?

Urbain hausse les épaules.

– Au fond de son lit. Le froid, le chagrin, ça abîme. Surtout à douze ans. Mais moi, je ne laisse pas tomber mes amis.

Urbain pose sur la table ses clés de voiture.

– Renault 4 CV. Je vous la joue en cinq manches. Si vous gagnez, la voiture est à vous. Si je gagne, je récupère la chienne et les petits.

– Pourquoi je ferais ça ? interroge Joseph. Les chiens sont à moi. Et j'ai déjà une voiture.

Et il se lève, comme s'il allait changer de table de jeu.

Urbain est paniqué. Tout le plan est fichu ! En désespoir de cause, il lance :

– En fait, vous avez peur.

Joseph, la main sur le dossier de sa chaise, hésite.

– Peur de quoi ? interroge-t-il entre ses dents.

– De perdre.

Joseph reprend sa place, au grand soulagement d'Urbain. La partie peut commencer. Très excités, les autres clients du café se rapprochent. On fait cercle. Ce n'est pas tous les jours qu'une victoire peut rapporter autant ! Ce sera une partie de cartes dont on se souviendra longtemps, à Ormières…

Sébastien escalade la clôture qui entoure la cour de Joseph. Quelques minutes plus tard, la grille de fer s'ouvre avec un grincement. À la faible lueur dispensée par la lune, Sébastien, César et Madeleine traversent la cour. Dans sa cage, la grande chienne, malgré son courage, semble épuisée. Elle est maigre, son poil est terne. Sébastien s'accroupit et passe un bras entre les barreaux pour la caresser.

– Belle, ma Belle… C'est fini. Je suis là.

Il faut forcer le cadenas qui ferme la cage. Chaque seconde est précieuse. L'institutrice a apporté une pince et se met aussitôt au travail. Mais ses mains manquent de force : l'outil glisse sur le métal. César s'impatiente et le lui prend des mains.

– Attendez. Je vais essayer.

Dans la cage, Belle s'agite et se remet à gémir. Sébastien tente de l'apaiser.

– T'inquiète, ma Belle, on y est presque.

Puis, soudain effrayé, il demande à César :

– Et si Urbain n'arrivait pas à le retenir ?

Le berger répond dans un grognement :

– Urbain ? Il est imbattable ! Ne t'en fais pas.

Pas si imbattable…

– Deux manches à zéro, annonce Joseph en abattant un pli gagnant sur la table du café.

Le maire de Saint-Martin jette un coup d'œil furtif à la pendule. Ça ne va pas. Joseph gagne trop vite. Auront-ils le temps, là-haut, de relâcher les chiens ?

Une nouvelle fois, la pince ripe sur le cadenas.

– Elle est nulle, votre pince ! grogne César.

– Je n'y peux rien, si vous êtes manchot ! s'exclame Madeleine qui lui arrache l'outil et s'acharne à son tour.

César hausse les épaules.

– Je comprends pourquoi je ne me suis jamais marié, marmonne-t-il dans sa barbe.

À travers les barreaux, Sébastien caresse toujours Belle. Les minutes filent. Joseph peut revenir d'un instant à l'autre… Tout dépend, maintenant, de l'habileté d'Urbain.

Pauvre Urbain ! Il joue de plus en plus lentement. La sueur coule sur son front. Ses mains tremblent. À chaque nouveau pli remporté par Joseph, il jette un coup d'œil affolé à la pendule fixée au mur. Son adversaire finit par remarquer son petit manège.

– Qu'est-ce que vous regardez ? interroge-t-il abruptement. Vous avez rendez-vous ?

Urbain ne peut s'empêcher de rougir. Et Joseph comprend, à cet instant, quelle comédie on lui joue. Il se lève, furieux, renversant sa chaise, et il empoigne son

adversaire par le col. Violemment, il le pousse contre le mur.

– Si ma chienne a disparu, je te jure que toi et ta 4 CV, vous allez finir dans le ravin !

Alba et Belle ont dressé la tête. Madeleine s'affole :

– C'est lui ! Il faut y aller ! On reviendra, Sébastien. Je te le promets.

– Je ne pars pas sans elle, affirme Sébastien, obstiné. On ne se quitte plus. Plus jamais.

Il sort son couteau, dont il insère la pointe dans la serrure du cadenas.

– Mais tu ne te rends pas compte ! crie Madeleine. Joseph sera là dans une minute ! J'entends ses pas sur le chemin !

Les secondes s'écoulent… et soudain… un petit « clic ». Le cadenas s'ouvre et tombe à terre. Belle pousse la porte du museau. Libres ! Mais, à quelques mètres de là, la grille du jardin vient de grincer une nouvelle fois…

– Vite ! Vite ! chuchote Madeleine. Sauve-toi ! On le retient ! Va te cacher avec les chiens !

# 12
## Le piège

Madeleine et César se sont cachés derrière des cercueils que Joseph a entassés dans un coin de la cour. Le berger a ramassé un bâton, prêt à en faire usage s'ils sont attaqués.

Soudain, derrière eux, résonne le bruit caractéristique d'un fusil que l'on arme. Joseph est là : il a surgi de la nuit et il les tient en joue.

– Où sont-ils ? interroge-t-il d'une voix menaçante.

– Tu vas faire quoi ? l'apostrophe Madeleine. Tu vas nous tuer ? C'est fini, Joseph. Elle n'est pas à toi, cette chienne… elle n'a jamais été à toi.

– ILS SONT OÙ ?! hurle le fossoyeur.

Furieux, il les force à se lever, puis à reculer dans la maison. Il leur fait signe d'entrer dans le placard à balais de l'entrée, puis le referme et tourne la clé dans la serrure. César martèle le bois du battant et crie :

– Si tu touches à un seul des cheveux de Sébastien, je te jure que je te tue !

Paniqué, il donne un coup d'épaule dans la porte. Elle ne craque même pas.

– Inutile. C'est du chêne, dit Madeleine.

– Qu'est-ce qu'on fait, alors ?

– On prie pour que Sébastien se soit trouvé une bonne cachette…

Sébastien a eu juste le temps de franchir la grille et de se baisser derrière le muret, de l'autre côté du chemin. Quand Joseph est rentré, il est passé devant lui sans le voir. Alors il a entraîné les chiens vers le cimetière… C'est là, justement, que son ennemi le cherche. Il a réfléchi : les fuyards ne peuvent pas être bien loin. Il s'avance à pas lents, guettant chaque ombre, chaque bruit…

Et soudain, un couinement à peine audible s'échappe d'un caveau. Un sourire se dessine sur les lèvres du fossoyeur. D'une voix trop douce, il appelle :

– Sébastien… Tu joues à cache-cache ? C'est dangereux de jouer dans un cimetière… Tu ne le savais pas ? Tu pourrais tomber sur un mort…

À l'intérieur du caveau, Sébastien retient son souffle.

– Tu sais comment c'est, un mort ? continue Joseph. C'est froid comme un feu éteint. C'est vide. Tous les souvenirs ont disparu… Au début, c'est terrifiant, mais très vite, ça devient fascinant. Ce vide, ce rien, ce silence… On en vient presque à les envier… les morts…

Le garçon serre les poings. Il a envie de hurler. La voix est de plus en plus proche… et tout à coup, Joseph tend le bras à travers la grille en criant :

– Trouvé !

Ses doigts se referment sur le vide. Le garçon s'est tassé contre le mur opposé. La main de Joseph n'est qu'à quelques centimètres de lui… Il va attraper Sébastien… mais il n'en a pas le temps. Dans son dos, un aboiement hargneux le fait sursauter. Il tourne la tête. La chienne blanche ! Elle est là, à une vingtaine de mètres de lui. Et elle le nargue !

Furieux, il arme son fusil, vise et tire. La chienne a déjà plongé derrière une tombe. Joseph jure, recharge, vise encore la silhouette qui file entre les croix de pierre… mais son fusil s'enraye. Alors il jette l'arme dans la neige et se met à courir derrière la grande chienne blanche, qui s'élance au galop en direction du village… Jusqu'à ce qu'il remarque la tache noire autour de l'œil de sa proie. Ce n'est pas Belle !

– Vous restez là, d'accord ? Je reviens vous chercher, ordonne Sébastien aux trois chiots terrorisés.

Suivi de Belle, il se lance à l'assaut de la pente enneigée qu'il gravit aussi vite qu'il peut. Mais son répit est de courte durée : le fossoyeur a compris qu'il avait été dupé et il a fait demi-tour.

– JE VAIS TE TUER !!!

Le hurlement parvient jusqu'à Sébastien.

– Vite, Belle !

Le garçon et la chienne plongent dans le sous-bois. Les chaussures de Sébastien s'enfoncent dans la neige molle. Il perd du terrain et il le sait. Joseph n'a qu'à suivre leurs traces. Ils ne peuvent plus lui échapper. Quand il entend, derrière lui, le crissement des semelles de son ennemi, le garçon lui fait face. Il a tiré le couteau offert par son père et se place devant Belle.

– Je vous en supplie, ne lui faites pas de mal ! crie-t-il à l'homme.

– Fallait y penser avant !

D'un brutal revers du bras, Joseph pousse l'enfant sur le côté. Étourdi par la force du coup, Sébastien roule sur le sol. Belle aboie à pleins poumons.

– Ne t'inquiète pas, je ne t'ai pas oubliée... gronde Joseph.

Sans un regard pour l'enfant à demi assommé qui essaie de se redresser, l'homme s'avance vers la chienne. Lui aussi a sorti son couteau, dont la lame brille d'un éclat sinistre.

Belle n'attaque pas. Pas à pas, elle recule, le museau au ras du sol et l'échine arrondie.

– C'est bien, ricane le fossoyeur. Tu commences à comprendre...

L'homme ne remarque pas que la chienne l'entraîne sur la glace d'un petit lac. Un pas. Un autre. Un premier craquement :

la glace vient de se fissurer sous la semelle de Joseph qui, le regard rivé à Belle, n'y prend pas garde.

Sébastien sait que sa chienne a conscience du péril. Pour le sauver, elle est prête à tout, même à sacrifier sa vie. Et elle continue à reculer, menant leur ennemi vers le centre du lac, là où la surface est fine et friable…

– Ma Belle, non ! s'époumone-t-il. C'est trop dangereux ! Reviens !

Trop tard : Belle est au milieu du lac. Elle se dresse alors de toute sa hauteur et bondit, retombant de tout son poids sur la glace.

Joseph, cette fois, a compris. Mais il est pris au piège. La surface gelée cède, ouvrant un trou d'eau noire où il est englouti avec la chienne qu'il a si longtemps poursuivie. Sébastien se traîne vers le lac, se jette à plat ventre et rampe jusqu'à la large faille. Trop tard.

– Belle, sanglote-t-il. Belle !

Et soudain, la tête de Belle émerge de l'eau ! Ses griffes plantées dans la glace, elle réussit à sortir du trou, aidée par Sébastien qui a refermé ses mains sur sa fourrure trempée et tire de toutes ses forces. La chienne s'effondre sur la glace, sur son ami qui la frictionne en pleurant.

– Je vais te réchauffer… Tu vas t'en sortir, ma Belle… C'est fini…

Quelques jours plus tard, à Saint-Martin, la vie a repris son cours normal… enfin, presque. Sébastien est retourné à l'école. Mais aujourd'hui, il a amené les chiots ! Marie, ravie, tient l'un d'entre eux dans ses bras. Son copain Hector aussi.

– Je ne saurai jamais m'en occuper, murmure-t-il.

– Tu leur as donné un nom, finalement ? demande Marie à Sébastien.

Celui-ci les désigne l'un après l'autre.

– Athos, Porthos…

L'instituteur, un peu surpris, regarde son élève le plus rebelle. Ainsi, Sébastien, au milieu de ses aventures, a lu *Les Trois Mousquetaires* !

– Et Aramis, tu le gardes pour qui ? interroge le maître.

Sébastien prend un air mystérieux…

Aramis, le garçon l'a gardé pour César. Le soir même, au chalet, il le lui confie. Le berger est étonné.

– Mais qu'est-ce que je vais faire de ça ? Ça va grandir et ça va me mettre le foutoir partout…

– Pas plus que moi, réplique Sébastien en riant. Et puis, Madeleine t'aidera. Elle connaît les chiens… et tu l'aimes bien, non ? ajoute-t-il avec malice.

# Épilogue

Sébastien a pris sa décision. Il va partir, rejoindre son père et Angelina. Parce que pour grandir, il faut parfois quitter les lieux et les gens qu'on aime… Mais c'est difficile. Sur le point de monter dans l'avion qui va l'emporter de l'autre côté de l'océan, le garçon a du mal à cacher sa tristesse.

– Tu sais, raconte Sébastien à son grand-père, quand j'étais dans la tempête, j'ai vu ma mère… Je l'ai vue, je te jure. C'est elle qui m'a sauvé.

César pose sa main sur l'épaule de Sébastien.

– Je te crois, dit-il simplement.

César prend Sébastien dans ses bras et le serre très fort contre lui.

– Fonce, maintenant. On se revoit bientôt.

César se penche pour caresser Belle.

– Tu la protèges, hein ? Je compte sur toi.

La grande chienne blanche lâche un aboiement joyeux et trotte, à la suite de Sébastien, vers la passerelle. Mais alors que la porte de l'avion va se refermer, le garçon se penche au-dehors et crie :

– César ! Je t'aime !

L'avion va de plus en plus vite… La silhouette du berger devient minuscule… puis disparaît. Puis c'est le ciel, d'un bleu pur. Radieux. Chargé de promesses. La main posée sur le cou de Belle, Sébastien sourit à travers ses larmes.

**Fin**

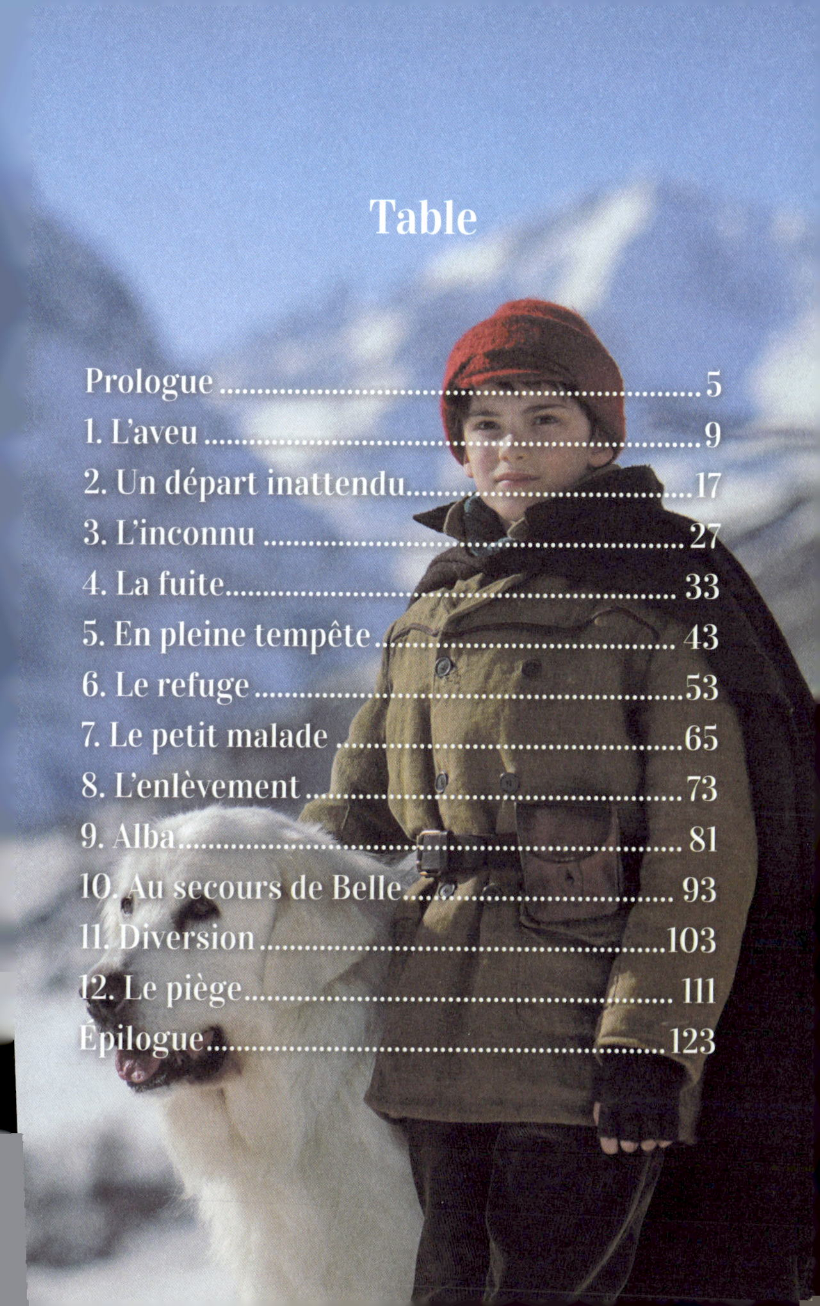

# Table

hachette s'engage pour l'environnement en réduisant l'empreinte carbone de ses livres. Celle de cet exemplaire est de :
450 g éq. $CO_2$
Rendez-vous sur
www.hachette-durable.fr

PAPIER À BASE DE
FIBRES CERTIFIÉES

Photogravure Nord Compo - Villeneuve-d'Ascq

Imprimé en Espagne par CAYFOSA
Dépôt légal : janvier 2018
Achevé d'imprimer : décembre 2017
39.3309.3/01 – ISBN 978-2-01-627120-9
*Loi n° 49956 du 16 juillet 1949*
*sur les publications destinées à la jeunesse*